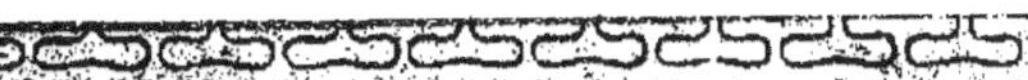

PHYSIOLOGIE DU BAS BLEU,

PAR FRÉDÉRIC SOULIÉ.

Dessins par Vernier.

PARIS.

[illegible] | LAVIGNE,
[illegible] | 1, rue du Paon Saint-André.

Publication d'Aubert et Cie, place de la Bourse, 29.

Livres illustrés.

LES ANIMAUX PEINTS PAR EUX-MÊMES, magnifique volume illustré par Grandville. — LES FABLES DE FLORIAN, par le même artiste. — LES FEMMES DE SHAKSPEARE, livre de luxe, orné de gravures anglaises. — LES BEAUTÉS DE LORD BYRON, texte par Amédée Pichot, gravures anglaises du plus grand mérite. — LE MUSÉUM PARISIEN, texte par L. Huart, dessins par Gavarni, Daumier, Grandville et autres. — LES FABLES DE FLORIAN, édition illustrée par Victor Adam. — PARIS DAGUERRÉOTYPÉ, les rues de Paris avec texte explicatif et historique. — LA GALERIE DE LA PRESSE, DE LA LITTÉRATURE ET DES BEAUX-ARTS, trois gros volumes: 147 portraits des artistes et gens de lettres en réputation. — LES FASTES DE VERSAILLES, texte par M. Fortoul, gravures anglaises et françaises. — PHYSIOLOGIES par MM. Balzac, — Delor, — L. Huart, — Lemoine, — H. Monnier, — Maurice Alhoy, — Marco Saint-Hilaire, — Ourliac, — Philipon, — James Rousseau, — F. Soulié et autres; dessins de Daumier, — Gavarni, — Janet-Lange, — A. Menut et autres.

LES CENT-ET-UN ROBERT-MACAIRE, texte par MM. Maurice Alhoy et Louis Huart, dessins par *Daumier*, sur les idées et légendes de *Ch. Philipon*, 2 beaux volumes, 101 dessins. Prix, 20 fr.

LE MUSÉE POUR RIRE, texte par MM. *C. Philipon*, *Louis Huart* et *Maurice Alhoy*; dessins de MM. *Gavarni*, *Grandville*, *Daumier*, *Bouchot* et autres, 3 beaux volumes. Prix : 30 fr.

Estampes.

Estampes d'encadrement, — Estampes de genre, pour albums, etc., — Modèles de figures, de paysages, de fleurs, d'animaux, — Ornements anciens et modernes, — Costumes de théâtre et de travestissements, — Costumes civils et militaires, — Dessins pour les fabricants d'étoffes, d'impression sur toile et sur papier, de broderies, de tapis, etc., etc.

Caricatures.

La maison Aubert a fondé les journaux qui publient des

PHYSIOLOGIE

DU BAS-BLEU.

IMPRIMÉ PAR BÉTHUNE ET PLON, A PARIS.

Physiologie

DU BAS-BLEU,

PAR

Frédéric Soulié.

VIGNETTES

De Jules Vernier.

PARIS,

AUBERT ET CIE, Place de la Bourse, 29.

LAVIGNE, Rue du Paon-St-André, 1.

CHAPITRE PREMIER.

Du Bas-Bleu en général.

Molière les appelait des *femmes savantes;* nous les avons nommées Bas-Bleus. Pourquoi ? Je n'en sais rien et je ne m'en occupe guère. Mais j'aime ce nom, qui ne signifie absolument rien, par cela seul qu'il dénonce cette espèce féminine par un mot du genre masculin. Tant que la femme reste blanchisseuse, actrice, couturière, danseuse, cantatrice, reine, on peut écrire grammaticalement parlant : elle est jolie, elle est fine, elle est adroite, elle est bien tournée, elle a une grâce ravissante, elle est d'une beauté parfaite. Mais, du moment qu'une femme est *Bas-Bleu*, il faut absolument dire d'elle : il est malpropre, il est prétentieux, il est malfaisant, il est une peste. Cependant le Bas-Bleu est femme; il l'est même plus qu'une autre ; et comme il joint à cela un esprit professoral, il est d'ordinaire très-empressé d'en donner les preuves à qui les lui demande—les preuves de la féminité. Quelques philosophes prétendent qu'on peut aussi considérer cette démonstration comme une preuve d'esprit. A ce compte, il n'y aurait plus de femmes bêtes. Revenons aux Bas-Bleus.

Il y a des Bas-Bleus de tous les âges, de tous les rangs, de toutes les fortunes, de toutes les couleurs, de toutes les opinions ; cependant ils se produisent d'ordinaire sous deux aspects invariables, quoique très-opposés. Ou le Bas-Bleu a la désinvolture inélégante, prétentieuse, froissée, mal blanchie, des Dugazons de province ; ou il est rigidement tiré, pincé et repassé comme une quaqueresse. Quant à ce milieu parfait qui est l'élégance, le *Bas-Bleu* n'y a jamais pu atteindre. Quand les femmes

Bas-Bleus sont belles, le dramatique de leur costume les trahit : elles ont des chevelures pleines de tragédie et de pensées mélancoliques; lorsqu'elles ont été belles, l'audace des échancrures du corsage les décelle, et le turban couronne ces sultanes d'un public idolâtre;

quand elles sont vieilles, elles caparaçonnent leurs bonnets comme des chevaux de porteur d'eau à la mi-carême; elles nagent dans des flots de ruban. A aucun âge le Bas-Bleu n'a su choisir un chapeau; il n'a su le mettre, quand, par hasard, on le lui avait choisi : c'est toujours par la tête que le ridicule perce.

Indépendamment de ces signes extérieurs, le Bas-Bleu a des habitudes qui le font aisément reconnaître, soit chez lui, soit au dehors. La chambre du Bas-Bleu est d'ordinaire assombrie par une foule de rideaux; que ce soit un magnifique d'Aubusson ou un jaspé du dernier ordre, il y a toujours un tapis dans la chambre du Bas-Bleu; des portraits et des médaillons pendent à son mur; il place sur son bureau le buste de quelque grand homme dont il fait son Apollon. Une foule de livres disséminés errent

sur les chaises, sur la cheminée, sur les étagères; mais aucun n'a le moindre rapport avec l'ordre d'idées auquel s'adonne le Bas-Bleu : tel qui écrit sur les étoffes de madame Gagelin, les chapeaux de mademoiselle Alexandrine, oublie à son chevet un Milton ou un Châteaubriand. L'un des meubles les plus précieux du Bas-Bleu est son cachet. Le cachet, c'est la

pointe du couplet de vaudeville, c'est l'épigraphe qui révèle toute la pensée mystérieuse d'une lettre, c'est souvent tout l'esprit du Bas-Bleu gravé d'avance sur argent doré. En voici quelques exemples. Un œil de chat avec ces mots alentour : *Je vois dans l'ombre ;* un enfant tenant une branche de laurier, s'écriant : *Je grandirai ;* une colombe seule roucoulant : *J'attends qu'il vienne.*

Un Bas-Bleu qui possédait autant de devises que M. Lablache possède de tabatières, ayant permis à un jeune Normand de rechercher sa main et son cœur, lui avait écrit un tendre aveu cacheté de l'allégorie suivante : une plume dans une main qui écrit; ce petit tableau était accompagné de ces trois mots : *légère, mais prise.* Le jeune Normand ne voulut pas demeurer en reste avec le jeune Bas-Bleu, et sa lettre était cachetée d'un énorme pavé avec cette légende : *une demoiselle l'a fixé.*

Hors de chez lui, le Bas-Bleu a aussi des habitudes qui le désignent aisément à tout œil exercé. Lorsqu'il marche dans la rue, ou bien il va les yeux baissés, et d'un pas lent et mélancolique, et alors il médite ou compose ; ou bien il va la tête haute, l'œil haletant et agité, la lèvre entr'ouverte, et alors il s'impressionne, il s'inspire, il prépare : dans ces occasions, le regard est quelquefois doux et incertain, d'autres fois fixe et ardent : c'est selon que

l'élégie préoccupe sa tête rêveuse, ou que l'ode fait bouillonner la lave de son génie. Le Bas-Bleu a ses jours de colombe et ses jours d'aigle.

Le Bas-Bleu fait rarement ce qu'on appelle des visites, si ce n'est lorsque, jeune encore (je parle de la jeunesse du Bas-Bleu comme Bas-Bleu, et, en ce cas, elle peut commencer indifféremment à vingt ans ou à cinquante), lorsque jeune encore, dis-je, il sollicite le placement d'un manuscrit qui est, selon les circonstances, sa première espérance ou sa dernière ressource.

Nous n'aborderons pas ici les allures du Bas-Bleu dans le monde, parce que, comme celles de certains animaux, elles diffèrent essentiellement selon les régions où il vit. Je vais les parcourir en détail, depuis le sommet le plus aristocratique jusqu'au plus bas échelon.

CHAPITRE II.

Bas-Bleu aristocrate.

C'est le premier qui ait paru en France. Comme ces fleurs exotiques qui ont besoin de la serre pour donner quelques pâles fleurs ; il a vécu pendant long-temps dans une atmosphère factice, chauffée à la bougie des salons. Mademoiselle de Scudéri, madame de Sévigné, madame Lafayette, madame Duchâtelet, ont été les premières graines de ces fleurs si rares, qui depuis se sont vulgarisées comme la pomme de terre ou l'œillet d'Inde.

Il en est arrivé que les salons où elles ont pris naissance les ont dédaignées comme tout ce qui tombe dans le domaine public, et qu'on rencontre maintenant fort peu de grandes dames Bas-Bleus. C'est ici l'occasion d'établir une division importante et applicable à toutes les classes de Bas-Bleus : c'est la distinction qui existe entre le Bas-Bleu militant et le Bas-Bleu pensant, entre celui qui porte la plume de l'écrivain et celui qui porte le bonnet de docteur, entre celui qui combat et celui qui professe. Madame de Staël a été le grand dernier Bas-Bleu armé qui soit descendu dans la lice; madame la duchesse de Broglie, sa fille, ne sera pas la dernière grande dame Bas-Bleu qui présidera des assises d'esprit. Tout le monde peut avoir une idée approximative du Bas-Bleu qui se produit par ses œuvres; mais il faut avoir pénétré dans les cénacles prétentieux du faubourg Saint-Germain pour s'imaginer jusqu'à quel point la suffisance, le rayonnement de soi, les fureurs d'admiration peuvent être poussés. C'est dans ce monde que se font encore des lectures présidées par des femmes passées de mode, et suivies par de jeunes génies qui ne seront jamais

à la mode. Jamais M. de Talleyrand, malgré tout son esprit, n'eût pu prêter autant d'expression aux *ah! ah!* et aux *oh! oh!* qu'on leur en donne dans ce monde ; il y en a de doux, de tendres et de languissants ; il y en a d'étonnés, de pathétiques, de furieux. Les sourires intelligents, les fines extases, les regards noyés, les attentions haletantes accompagnent les lectures : puis, quand la parole est libre, c'est une langue à part pour dire les choses les plus inouïes ; on y entend des mots comme ceux-ci : *C'est abuser du génie que d'en mettre tant en quelques lignes ;* autres : *C'est toujours plus beau que ce que vous avez fait, mais c'est moins beau que ce que vous ferez ;* autres : *Qui vous a donc si bien appris l'âme des femmes ? — L'amour que j'ai pour elles. — Votre génie a de la fatuité.* J'ai entendu celui-ci, et tout le monde le trouvait admirable, et il me fallut cinq semaines pour comprendre que cela voulait dire : —Ce n'est pas l'amour que vous avez pour elles, c'est l'amour qu'elles ont eu pour vous. —Du reste, tous ces braves gens vivent à l'aise et se conduisent facilement dans cette atmosphère parfumée et nébuleuse, où suffoquerait et trébucherait à chaque pas un esprit accoutumé à l'air libre et à la lumière du soleil.

Les Bas-Bleus de ce monde prétendent avoir été ravagés par beaucoup de passions, mais il y a très-peu d'exemples que ces passions si douloureuses et si exaltées aient conduit ces grandes dames à autre chose qu'à une jeunesse prolongée au delà de soixante ans. Quoi qu'ils en

disent, ils méprisent souverainement l'amour platonique, et ils ont inventé *ce qu'on pourrait* appeler l'amour littéraire. Il y a du style académique dans leurs aveux, de la grâce grammaticale dans leur résistance, de la pédanterie historique dans leur défaite; ce qui faisait dire à un homme d'esprit, fort étonné d'en trouver jusque dans les moments où la raison s'égare : — Je ne savais pas que le bas bleu de madame de... lui montât au-dessus du genou.

Comme je le disais, le Bas-Bleu militant est à peu près complétement disparu du monde aristocratique ; si quelques-uns tiennent encore la plume ce n'est que pour leurs amis, et lorsqu'ils daignent initier le public aux mystères de leurs pensées c'est presque toujours sous le pseudonyme de quelque célébrité masculine. Et cependant on dit que les femmes ont le privilége du dévouement ; reste à savoir si les Bas-Bleus sont des femmes.

C'est, du reste, près de ceux-là que s'est établi le philosophisme divinitaire, humanitaire, sociétaire, toutes ces billevesées nuageuses où ces grandes dames sont parvenues à égarer l'esprit droit de quelques hommes d'élite. Ce sont des Bas-Bleus qui embaument M. de Châteaubriand avant sa mort, et lui imposent le mutisme de la tombe. La muse qui a inspiré à M. de Lamartine la *Marseillaise de la paix* doit avoir des bas bleu-de-ciel, et il y a de par le monde un malheureux homme d'esprit qu'on a noyé jadis dans l'Académie, enfermé dans un bas bleu, comme les chrétiens que le sultan précipite dans le Bosphore enfermés dans un sac : la Méditerranée les reçoit , et on n'en

entend plus parler ; l'Académie l'a englouti , et il n'a jamais plus rien dit.

Le Bas-Bleu aristocratique se livre beaucoup en ce moment à l'abolition de l'esclavage ; il fait la traite des blancs pour détruire celle des noirs, et j'en connais qui ont tyranniquement enrégimenté sous leurs drapeaux de pauvres hommes, qui n'en savaient rien, à qui ils ont mis la corde au cou, la croix à la main, la souscription à la poche, en leur disant : —Tu seras abolitioniste. — Il a fallu obéir, car, si l'esclave s'était révolté, on l'eût perdu de réputation.

Nous ne quitterons pas cette espèce de Bas-Bleu sans raconter à son sujet un mot dont je puis garantir l'authenticité.

Un Bas-Bleu de la plus haute distinction (c'était une duchesse) avait pour habitude d'avoir toutes les nuits, entre deux et trois heures du matin, une attaque de nerfs mêlée de cris qui attiraient d'ordinaire près d'elle un magnifique valet de chambre dont le devoir était de veiller seul dans l'antichambre de la duchesse. Après beaucoup d'essais inutiles par l'éther, le vinaigre et des sels de toutes sortes, il paraît que le valet de chambre trouva un moyen supérieur pour calmer ces attaques ; il en résulta malheureusement que la duchesse, dont le mari était absent, fut obligée de faire à son médecin la confidence de ce moyen, qui pouvait la compromettre au bout d'un temps donné. Durant cette confidence, le docteur, oubliant à qui il parlait, dit à la duchesse :

— Vous avez été bien imprudente de céder à un pareil homme !

— Moi, s'écria le Bas-Bleu de toute la hauteur de son blason, moi, lui céder ? Jamais ! jamais ! Le misérable me viole !

Je ne saurais rien ajouter à ce dernier trait, et je vais passer à un autre ordre de Bas-Bleus.

CHAPITRE III.

Bas-Bleu impérial

Il est bon de dire, avant d'aborder cette nouvelle espèce de Bas-Bleus que je n'entends nullement parler de ce qu'on a pu appeler depuis quelque temps la femme de lettres; il y en a quelques-unes, mais c'est le très-petit nombre qui se sont livrées à la confection du roman avec beaucoup moins de prétentions que M. Lamy-Housset à la confection des chemises. Pour elles, ce n'est pas un art, mais un métier; c'est moins la gloire que l'existence qu'elles lui demandent; elles tiennent la plume comme elles tiendraient l'aiguille, et écrivent comme elles racommoderaient des culottes.

Paix et respect à ces honnêtes femmes, joie à leurs époux, prospérité à leurs enfants; mais, comme je vous le disais, celles-là, il y en a si peu, qu'à vrai dire il n'y en a pas du tout. Si elles commencent le métier dans cette simplicité de leurs âmes, si elles sont modestes envers le critique, le public et l'éditeur, elles elles se trouvent bientôt converties; et, à la moindre réclame rédigée par elles-mêmes, et insérée, moyennant deux francs la ligne, dans un journal quelconque, leur naïveté primitive s'enfuit, elles se plaignent de l'éditeur qui est un rustre, incapable de comprendre la valeur de ce qu'il vend; du critique, eunuque qui calomnie avec tout le fiel de l'impuissance; du public, dont le goût est perverti par la lecture des vaudevilles, et un beau matin elles chaussent le bas bleu, qu'elles laissent passer sous le tablier de cuisine. Mais avant

de nous mettre en présence des véritables Bas-Bleus, du Bas-Bleu de la révolution de Juillet, du Bas-Bleu bourgeois, du Bas-Bleu qui règne dans les salons comme M. Ganneron, marchand de chandelles, est mon colonel, il faut parler du Bas-Bleu impérial et du Bas-Bleu de la restauration.

Du temps de l'empire, il y a eu quelques célébrités féminines ; mais l'époque n'était pas pédante, et en général le Bas-Bleu a manqué à la grande nation. Ces grands-officiers, ces grands-maréchaux savaient tout au plus lire, et, comme le dirait un couplet de vaudeville,

Ils moissonnaient tant de lauriers
Qu'il n'en reste plus pour personne.

On en a cependant compté deux ou trois, prêchant et pratiquant les sentiments les plus tendres, et donnant l'exemple du progrès par la mise en œuvre des institutions nouvelles, telles que le divorce et autres bagatelles. Le Bas-Bleu qui nous est resté de ce temps-là est devenu horriblement insupportable, grâce à ses souvenirs. Il est, à son dire, du bon temps où l'on causait, où la conversation était un art, où l'on était invité dans un cercle à faire de l'esprit comme aujourd'hui à prendre du thé. En vertu de ce passé, le Bas-Bleu impérial est devenu la machine la plus bavarde qui existe. Malheur à vous si le hasard vous jette à côté de l'un de ces effroyables *memento*. Il arrivera un moment où votre oreille, sans cesse frappée par une voix glapissante, perdra le vrai sens des paroles qu'on vous dit (si tant est qu'il y en ait) ; une sorte d'étourdissement douloureux vous gagnera la tête, et, au bout d'une demi-heure, vous serez dans l'état d'un homme ivre poursuivi par un cauchemar au milieu duquel

danseront fantastiquement des phrases comme celles-ci : *Un soir que j'étais avec Lucien Bonaparte et la princesse de Chimay...*, *c'est Fouché qui m'a raconté l'anecdote... M. de Talleyrand me l'a montré... Bernadotte et la reine Hortense étaient de la partie... j'en donnai avis à l'em-*

pereur... Cette nuit-là il ne pouvait venir chez moi. Vous avez, en confidences parlées, la monnaie des confidences écrites de la Contemporaine. Du reste, cette époque est celle des anecdotes. J'extrais de ce long catalogue les deux suivantes que je recommande à l'intelligence de nos lecteurs et qui sont de nature bien différente.

Au moment où la palingénésie fut à la mode, quand on voulut réduire en principes d'hygiène la procréation des esprits supérieurs, de nombreuses expériences furent tentées; il y avait à cette époque à Paris un savant, d'un esprit profond, droit, lumineux, investigateur tenace et hardi de tous les secrets de la nature, une des plus belles organisations enfin dont la science puisse s'honorer. Il y avait en même temps un Bas-Bleu de joli visage, d'un esprit fin, gracieux, coquet, d'une intelligence facile et élégante. Les savants de l'époque jugèrent que ces deux êtres possédaient à peu près à eux deux toutes les qualités de l'esprit, chacun ayant ce qui manquait à l'autre. Que serait donc l'enfant qui pourrait naître d'une pareille union! Les princes de Perrault, dotés par les fées, ne seraient que de misérables mendiants à côté de lui. Il faut donc tenter la procréation de ce phénomène, qui sera probablement à la fois Voltaire et Newton. La délibération fut longue entre les expérimentateurs pour savoir si on confierait l'accomplissement de cette œuvre à un rapprochement fortuit ou à une grave et solennelle jonction de ces deux astres.

Grâce au système de la puissance de la volonté que M. Deleuze commençait déjà à prêcher dans les salons, il fut arrêté que l'expérience serait solennelle et de consentement mutuel. Les préparatifs furent faits dans un souper splendide; les convives avaient fait provision d'esprit et de théorèmes mathématiques; les bons mots les plus étincelants étaient lancés d'un bout de la table à l'autre, et mille calculs ingénieux établissaient la courbe de la parabole qu'ils avaient tracée en l'air. On caustiquait, on mathématiquait, avec une verve incessante. Chaque truffe était accompagnée d'un trait d'esprit, chaque verre de champagne d'une démonstration algébrique. Enfin lorsqu'on jugea que le cerveau et les sens des néophytes se trouvaient surexcités au dernier degré, on les laissa procéder à l'œuvre de Dieu. Ils y procédèrent; la nature fut fidèle, neuf mois après un enfant naquit : c'était un crétin.

Pour comprendre l'autre anecdote, il est nécessaire de savoir qu'entre autres défauts le Bas-Bleu de l'Empire a celui d'être très-joueur et celui surtout de tricher au jeu. Il advint qu'à une table de bouillotte, où naissaient les uns après les autres une foule de brelans soupçonnés d'illégitimité, une vive contestation s'établit entre un munitionnaire qui comprenait le vol par millions, et un Bas-Bleu qui l'entendait très-bien par louis. Du reste, on a dû remarquer qu'en général il n'y a rien de plus implacable que le voleur qui est volé. C'est une question d'amour-propre sur laquelle on ne transige pas. Le gros voleur ne pardonne donc point à la friponne. La discussion s'aigrit au point que, dans un violent mouvement de colère, le Bas-Bleu fut près de suffoquer, et, comme il y avait un asthme de strangulation et d'asphyxie, on s'aperçut que c'était une fausse dent qui s'était arrêtée à la gorge, mais que le Bas-Bleu parvint à avaler complétement, grâce à un verre d'eau sucrée habilement administré par un des plus fameux médecins de ce temps. Voilà donc la société en possession de savoir que le Bas-Bleu avait une fausse dent. Voilà donc toutes les femmes autorisées à regarder au premier sourire du Bas-Bleu la fameuse solution de continuité. Mais cette attente fut trompée : à la première rencontre et au premier sourire, nulle brèche n'existait plus, si bien qu'une amie intime du Bas-Bleu, ne voulant pas perdre l'occasion de lui dire une cruauté, s'écria en montrant les plus vraies et les plus belles dents du monde :

— Ah ! ma chère, vous vous êtes donc fait mettre une nouvelle dent ?

A quoi le Bas-Bleu répondit d'un ton supérieur et dédaigneux :

— Non, ma chère; c'est la même.

CHAPITRE IV.

Bas-Bleus de la Restauration.

a Restauration a été plus féconde que l'Empire en toutes sortes de Bas-Bleus. Il y a eu d'abord tous ceux qui avaient sourdement miné dans leurs prétendus salons la tyrannie du caporal parvenu. Chaque Bas-Bleu se croyait à ce moment le complice de madame de Staël, et se faisait victime comme elle de la grossièreté de l'Empereur. C'est surtout dans la Restauration qu'est né le Bas-Bleu poète. A ce moment, la lyre a pris un développement effroyable, et, Corinne vivante, en chair et en os, s'est promenée dans les rues de Paris, a posé dans les fauteuils académiques, a jeté des cris de poésie du sommet des Alpes, et a baigné les longues tresses de ses cheveux noirs dans les eaux amoureuses de Vauclûse et dans les flots guerriers du Rhin. Oh! qu'est devenu ce temps? Comme alors la gloire était douce au Bas-Bleu! On l'écoutait à genoux; des cassolettes d'encens brûlaient au pied de l'autel où posait la Sibylle inspirée. Chacun de ses vers éveillait un écho de poésie qui lui répondait par des strophes de douze au paquet; on inventait pour elle des mots, et les peintres de portraits se faisaient une enseigne de son visage. Toute cette nation, fatiguée du fracas des armes et du canon, frémissait d'une douce émotion à sa moindre parole: les fleurs s'épandaient sous ses pas; les rois baisaient le pan de sa robe, et sa cuisinière elle-même prétendait qu'il avait une flamme dans les yeux. C'était là une belle conquête; le

jour où une cuisinière peut croire à la supériorité de sa maître se est un jour plus glorieux pour le Bas-Bleu que le jour où on la couronne au Capitole. Ce fut aussi dans ce temps-là que naquit le Bas-Bleu politique dont nous avons parlé au commencement; c'est même à dater de cette époque que la dénomination de Bas-Bleu s'introduisit en France. Ce fut dès lors une secte puritaine, malveillante, correcte, sèche de forme, de style et de corps; ce fut l'hypocrisie établie à l'état de congrégation. Nous eûmes la contrefaçon des Bas-Bleus anglais qui avaient conspué Byron et qui l'ont forcé à mourir *en exil*. Presque en même temps naquit le Bas-Bleu dévot; c'est à son influence que l'Académie a dû ses évêques; c'est lui qui patrona la Société des bonnes lettres, qui changea en conversions méritoires les trahisons et les lâchetés de certains écrivains de l'Empire. Ce fut un Bas-Bleu qui commença la croisade contre Voltaire et contre Rousseau. Le Bas-Bleu régna partout, jusque sur le monarque, qui avait, comme on le sait, l'estomac à la place du cœur. Le Sacré-Cœur est une institution de Bas-Bleus, et les ordonnances concernant l'Opéra et la longueur des jupes des danseuses ont été rédigées par un Bas-Bleu jaloux des bas couleur de chair; c'est le même Bas-Bleu dont on cite les deux traits suivants :

Le roi dont nous venons de parler aimait infiniment la causerie d'une belle dame qui n'était pas une grande dame; cette belle dame avait un esprit comptant qui charmait son maître, mais dont il ne lui eût su aucun gré s'il avait su que tout cet esprit ne reposait pas sur un fond grammatical. Or, le Bas-Bleu ci-dessus non nommé s'indigna, à bon droit, que le prince fût si odieusement trompé, et, pour renverser par un coup de maître cette influence de l'esprit, il ne demanda à sa rivale qu'une faute d'orthographe. La chose fut difficile à obtenir, car la belle dame savait son propre faible, et avait un secrétaire qui ne quittait pas sa correspondance d'une minute. Enfin, un jour que la belle dame était chez son souverain, elle reçoit une lettre de la grande dame Bas-Bleu, qui lui annonce que, dans une assemblée composée de tout ce que la France a de plus aristocratique, on désire la nommer présidente d'une haute institution; seulement on veut être assuré qu'elle ne refusera pas cet honneur, et on attend son consentement; l'assemblée est au complet, le scrutin est suspendu; un mot, un seul mot, et la voilà la patronne de toutes les illustrations nobiliaires! Le vertige prend à la belle dame; elle hésite d'abord, mais enfin elle se risque; un mot, un seul mot, il faudrait avoir bien du malheur pour ne pas le réussir! Hélas, la malheureuse était tant soit peu Gasconne; elle prononçait : *j'acepte*, elle écrivit : J'ACEPTE. Toute sa fortune, toute son autorité, tout son pouvoir, s'envolèrent sur ce C absent. Le Bas-Bleu triompha, et il disait un jour amoureusement à sa majesté : — Le règne de tous les usurpateurs a cessé (CC).

Nous ne quitterons pas cet intéressant Bas-Bleu sans raconter encore de lui deux mots qui disent la pureté de ses mœurs et l'exquise sensibilité de sa personne.

Au jeu du roi, le dit Bas-Bleu avait l'habitude d'être placé à côté de lui, et sa majesté, qui savait combien la couronne prête de grâces aux moindres attentions, poussait à chaque instant des rouleaux de louis dans le giron du Bas-Bleu, qui relevait beaucoup les *genoux* pour les empêcher de rouler sous la table. Rentré chez lui, et assis sur les *genoux* d'un beau jeune homme, le Bas-Bleu défaisait les rouleaux pour en faire disparaître le papier marqué du sceau royal qui les enveloppait, et en ayant compté quelques-uns auxquels il manquait le nombre voulu, elle appuya un long et douloureux baiser sur le front de son bel ami, et cria d'une voix monarchique et attristée cette phrase célèbre :

— Ces pauvres rois, comme on les trompe !

CHAPITRE V.

Bas-Bleus contemporains. Bas-Bleu marié, première espèce.

Nous voici enfin arrivés au Bas-Bleu actuel; et maintenant, après avoir fait son histoire, nous allons pouvoir le suivre dans ses diverses variétés. En général, le Bas-Bleu actuel est d'une teinte beaucoup plus foncée que le Bas-Bleu de l'ancien régime et le Bas-Bleu impérial; il a presque toujours été plongé dans une sorte d'indigo philosophique qui lui donne une couleur à la fois lourde et crue.

Nous nous occuperons d'abord du Bas-Bleu marié.

Le Bas-Bleu marié vit avec son mari, ou il ne vit pas avec son mari, ou, vivant avec son mari, ne le compte pas comme mari.

Commençons par le dernier. Dans ces sortes de ménages, dans ceux surtout de la dernière espèce, il se passe une chose assez semblable à ce qui a lieu en ce moment en Angleterre pour S. A. R. le prince Albert, avec cette différence que c'est, tout au plus, si le mari garde un peu du nom qu'il a donné à sa femme. Ce nom n'est plus le sien ; il appartient en propre à celle qui l'a illustré, et jamais on ne le lui donne directement ; ainsi, M. B.... n'est pas M. B...., il est le mari de madame B.... ; M. C.... n'est pas M. C...., il est le mari de madame C....; et M. T.... n'est pas M. T...., mais le mari de madame T....

Il est curieux d'observer jusqu'à quel point l'absorption du chef de la famille est poussée dans ces étranges ménages. Madame décachette les journaux ; madame ouvre toutes les lettres; madame a son salon, son cabinet et sa chambre; madame sort le soir, et madame a un rendez-vous le matin ; madame est avec son libraire ;

madame est avec son imprimeur; madame vient d'envoyer chez son banquier; madame est à la campagne; madame couche en ville; quant à monsieur, personne ne le connaît, à moins que si un ami s'informe des enfants de madame, on ne réponde que M. est allé les promener au Luxembourg.

Au spectacle, cet homme, qui est rélégué derrière tout le monde, qui se tord le cou pour voir le bord de la rampe, qui ouvre la porte à tous ceux qui entrent et sortent sans se donner la peine de le saluer, et qui est chargé du soin des manteaux et de tous les dépens de la soirée, c'est le mari du Bas-Bleu.

Quelques-uns s'accommodent merveilleusement de cette annulation, et se réduisent volontiers à la rédaction du livre de cuisine et aux comptes de blanchissage : à dîner ils servent le potage, et madame commande les vins fins. Au salon ils offrent le café, et madame accepte de la liqueur. Ceux-là sont les maris-modèles; ceux-là sont dans une constante admiration pour leur épouse adorée. Quand elle leur fait l'honneur de sortir avec eux, si c'est à pied, ils marchent derrière elle, portent le parapluie, et, en cas d'emplettes, entassent sur leur bras gauche une statuette, un panier de fraises et un morceau de fromage ; si c'est

en voiture, ils se mettent sur le devant et doivent savoir le nom de toutes les rues. Dans un salon, il faut voir le rayon anxieux et timide, mais toujours admiratif avec lequel ils observent leur souveraine maîtresse. Ils ont toujours tout prêt, ou un sourire approbateur, ou une exclamation ravie pour chaque parole qui va sortir de sa bouche, et, au moindre mot, ils relèvent la conversation par cette phrase qu'ils varient de mille façons différentes :

— Avez-vous entendu ce que vient de dire ma femme ? — Écoutez donc ce que ma femme vient de dire. — Je répète ce que ma femme a dit... C'est un rude métier, je vous jure ; et comme la femme Bas-Bleu est toujours sous l'incessante menace de voir attribuer à un *teinturier* ses œuvres les plus personnelles, elle prend les précautions les plus infinies pour prouver au monde que son mari n'est pour rien du tout dans ce qu'elle fait. C'est un véritable Cendrillon a qui l'on dit à chaque in-

stant : Taisez-vous donc—vous ne savez ce que vous dites — vous parlez de choses au-dessus de votre portée. A ces bénéfices il joint les courses à l'imprimerie : une lieue et demie à faire quelquefois pour corriger un *q* retourné. —Pauvre mari! qui ne sait pas que ses épreuves de ménage fourmillent de pareilles fautes. C'est à lui que reviennent de droit les visites aux journaux. O les malheureux ! à quoi donc sont-ils exposés qu'ils descendent à de pareilles sollicitations! Faut-il vous le dire, j'en connais un qui avait les deux joues enflées de toutes les critiques que subissaient les œuvres de son épouse. Aussi, disait-on de lui qu'il était tout bouffi des chutes de sa femme.

Mais le plus grand de tous ses malheurs n'est pas encore celui qui accompagne l'heure de la mise au jour. C'est le travail de l'enfantement qui est son supplice le plus effroyable. Croyez ce que je vais vous dire : je l'ai vu, de mes propres yeux vu : ce qu'on appelle vu !...

On raconte sur je ne sais plus quel peintre une anecdote qu'on a aussi appliquée à David, à l'époque où il était de mode de supposer tous les crimes à un homme qui avait fait partie de la Convention. On raconte, dis-je, que ce peintre, voulant peindre un Christ mourant, fit venir un modèle, lui persuada de se laisser mettre en croix. Comme le modèle, malgré les exhortations du peintre, ne donnait qu'une expression d'ennui à l'éternelle douleur, le peintre, dans un mouvement d'enthousiasme artistique, s'empare d'une pique et la lui flanque dans le flanc. Le modèle en mourut et le peintre fit un chef-d'œuvre immortel. Eh bien, cette épreuve peut-être vraie, peut-être inventée, le Bas-Bleu la fait tous les jours moralement sur son époux. S'il lui faut une scène de désespoir, elle le taquine, l'irrite, l'insulte, l'agonise, l'exaspère,

et, malgré la longanimité de la victime, finit par lui arracher un moment de révolte, de rage. de désespoir; puis, au moment où il va se jeter par la fenêtre, elle l'arrête d'un air inspiré en lui disant :

— C'est très-beau, monsieur; je tiens ma scène, je vais l'écrire : vous ne ferez servir qu'à six heures.

Puis elle s'éloigne et s'arrête encore sur le seuil, d'où elle contemple la stupéfaction, le désordre, l'anéantissement du modèle; et elle rentre dans son atelier en lui disant :

— Faites-moi faire du café; je travaillerai toute la nuit.

Mais le mari-domestique n'est pas le partage de tous les Bas-Bleus; et je connais des femmes qui ne sont pour leurs époux que des marmites autoclaves à poésie, qu'ils font bouillir à leur gré.

Je la connais, vous la connaissez, nous la connaissons tous, cette adorable femme Bas-Bleu, un tant soit peu pédante, un tant soit peu académique, mais bonne et douce, et qui n'a jamais pu garder pour elle les prémices d'une inspiration. Elle avait un sot pour mari; il lui volait les feuillets de ses moindres manuscrits, les apprenait par cœur, et s'en allait de par le monde, répondant à ceux qui lui parlaient de sa femme :

— Elle s'occupe de ceci, ou de cela ; je l'ai engagée à traiter ce sujet comme ceci, ou comme cela, — je lui ai donné les idées que voici et que voilà. —

Le livre paraissait, et le mari recevait tous les compliments. O noble et unique exception ! tu es sans doute l'hostie qui rachète les fautes de tes sœurs. Que tu dois souffrir !

Le Bas-Bleu marié a quelquefois pour conjoint un sot libre. Il est butor, grossier, insolent ; il vend des grosses ou des gueuses selon qu'il est notaire ou marchand de fer. C'est lui qui, un jour qu'on s'informait à lui de sa femme, répondit :

— Bah ! elle fait toujours un tas de petites foutaises.

Un mari analogue, mais d'un esprit plus réservé quoique aussi véridique, et dont la femme avait dramatisé plusieurs de ses sentiments sous un même nom, répondait à quelqu'un qui, la voyant rêveuse, demandait ce qu'elle avait :

— Sans doute elle se promène dans son bois d'oliviers.

Le fait suivant m'est personnel. J'allais chez un Bas-Bleu pour je ne sais quelle affaire; je rencontre le mari qui rentrait en même temps que moi; je veux me faire annoncer; il s'offre à me précéder pour savoir si le Bas-Bleu est visible; puis il revient et me dit :

— Vous ne pouvez la voir; elle est enfermée avec M..... ils sont en collaboration.

Je connais l'œuvre qui s'en est suivie. C'est la seule fois de ma vie que j'aie été parrain.

CHAPITRE VI.

Bas-Bleu marié, deuxième espèce.

Nous avons maintenant le Bas-Bleu marié qui laisse à son mari la dignité publique d'homme, sous réserve de la lui faire expier en particulier. Ce Bas-Bleu n'a pas la même distraction que l'autre ; il parle peu, écrit rarement, *mais dogmatise*

sans cesse. C'est sans contredit la variété la plus assommante, la plus cruelle, la plus méchante de toutes : c'est le Bas-Bleu ambitieux. Je me le suis toujours représenté sous la forme d'une furie, à l'état de squelette habillé de soie noire, poussant devant elle un malheureux auquel elle pique le derrière avec une fourche rouge.

Quand ce Bas-Bleu a un mari qui possède une contribution de plus de cinq cents francs, elle lui montre du doigt la députation, et le pique en lui criant : va! S'il ne possède aucune contribution, elle lui désigne une sous-préfecture, et lui dit : va! et un coup de fourche appuie la motion.

On ne peut se faire d'idée du respect, de la considération que ce Bas-Bleu témoigne à son mari; comme il en est fier, comme il se tait devant lui, comme il le comble d'éloges, comme il le vénère.

Misérable, trois fois misérable celui qui obtient ces marques apparentes de respect. Secrétaire intime des passions de sa femme, agent de ses haines, flatteur de ses préférences, il faut qu'il salue ses propres ennemis, trahisse ses propres parents, renie sa propre famille, pour satisfaire la fourche qui le pousse lui-même. Il voudrait être à la campagne; il y planterait grassement ses choux et y dormirait à l'ombre. Non point, non point : il demeurera à Paris, il se plantera lui-même dans les antichambres, il vivra dans les salons ministériels.

Quant au Bas-Bleu, il a ses petites entrées dans les cabinets, il trafique des faveurs données et reçues. Voici une scène d'un drame que la censure a dernièrement proscrit, sous prétexte qu'il était défendu de mettre en scène des personnages vivants. La pièce est intitulée :

UN MINISTRE RESPONSABLE.

La scène est extraite du cinquième acte, et le théâtre représente le cabinet du ministre.

L'huissier annonce :

— Madame Daricourt !

Le ministre se lève, salue respectueusement, offre un siége à madame Daricourt, qui le prend gravement en baissant les yeux ; le ministre a le temps de voir qu'elle est blanche et rose ; et comme elle se mord alternativement la lèvre supérieure et la lèvre inférieure pour comprimer leur tremblement, il voit aussi qu'elle a la dent bonne, luisante et perlée. Cependant le ministre garde le silence ; il attend : elle commence.

Madame Daricourt. — Mon mari avait sollicité de vous une audience ; mais se trouvant empêché de venir par une fort grave indisposition, il m'a priée de venir à sa place. Veuillez m'excuser.

Le Ministre. — Comment, M. Daricourt est malade ! il m'a semblé le voir hier à l'Opéra.

— C'est là qu'il a appris, monsieur le ministre, que M. D... le conseiller d'État, était très-dangereusement malade, et cela lui a porté un tel coup, qu'il a *failli* succomber dans la nuit.

— Mais le danger est passé, je l'espère ; nous ne perdrons pas à la fois un de nos plus anciens conseillers et notre plus jeune maître des requêtes.

—Nos médecins m'ont rassurée; mais M. Daricourt n'en est pas moins fort malheureux de cette maladie ; il en a souffert comme ami, et il aura probablement à en souffrir comme magistrat.

— Veuillez m'expliquer cela.

— L'audience que mon mari avait sollicitée de vous, M. le ministre, avait pour but de vous rappeler l'assiduité, et j'ose dire la supériorité de ses travaux ; il a droit d'attendre, et j'osais espérer pour lui un avancement prochain ; mais aujourd'hui venir la solliciter, ce serait avoir l'air de spéculer sur la mort prochaine et certaine d'un ami, et cette pensée est aussi éloignée de son cœur que du mien.

LE MINISTRE. — Je conçois ce scrupule, madame ; il honore M. Daricourt et vous honore également, et nous verrons plus tard....

Premier jeu de scène. Madame Daricourt interrompt tout à coup le ministre par un régard ardent accompagné d'une ondoyante émotion de sein.

MADAME DARICOURT. — Vous me jugez trop

favorablement, monsieur le ministre ; mon mari peut renoncer à ses espérances, mais moi je ne peux les abandonner. Je suis ici à son insu. Je n'ai pas l'honneur de vous connaître, monsieur le ministre ; mais je sais que vous avez une intelligence profonde des sentiments secrets qui agitent le cœur d'une femme. Je suis ambitieuse, monsieur le ministre, et il n'est rien que je ne fasse pour obtenir cette place, qui sera vacante dans quelques jours.

Deuxième jeu de scène. Regard provoquant et interrogateur, pied furtivement avancé, langueur générale.

LE MINISTRE. — J'ai l'honneur de vous connaître aussi, madame, et je sais que vous avez l'habitude de réussir ; mais cette fois l'impossibilité est trop grande.

MADAME DARICOURT. — Si je vous en priais bien ?

LE MINISTRE. — Je ne le pourrais pas.

MADAME DARICOURT. — Vous pouvez ce que vous voulez.

LE MINISTRE. — Je voudrais pouvoir faire quelque chose qui vous plaise.

MADAME DARICOURT, *avec un sourire étrange.* — Moi aussi.

Le ministre la regarde d'un air stupéfait ; elle lui rit au nez d'une manière ravissante, elle prend un air d'enfant boudeur.

— Tenez, monseigneur, je veux que mon mari soit conseiller d'État, j'en ai envie ; s'il ne l'est pas, j'en mourrai.

Le Ministre, *moitié riant, moitié fâché.* — Sans doute, madame, vous êtes fort jolie, fort aimable, fort gracieuse ; mais que dirait-on si je vous accordais cette faveur ?

— On dirait ce qui n'est pas vrai, c'est que vous avez été assez peu aimable pour me la faire payer.

— Et vous ne craignez pas de pareils propos ?

— Ah mon Dieu ! que ce soit ou non, on le dira toujours.

— Mais votre mari ?

— Il y est habitué et il a trop d'esprit pour s'occuper de ces sottises.

Jeu de scène avec profondes aspirations et menées adorables.

— Je vous en prie, monsieur le ministre, c'est un caprice, une folie ; mais je vous l'ai dit, si je n'ai pas cette place j'en mourrai.

— Vous ne l'aurez pas et vous n'en mourrez pas.

Le Bas-Bleu est désarçonné; il regarde autour de lui avec un regard de femme dédaignée, c'est-à-dire avec tout ce que la haine peut enfanter de plus farouche; puis elle reporte ce regard sur le ministre sans en adoucir l'expression.

MADAME DARICOURT. — Adieu, monsieur le ministre; l'un de mes amis intimes est fort lié avec madame de B***, je la ferai prier d'intercéder pour moi.

Le ministre, *se levant avec hauteur.* — Madame !

Madame Daricourt. — Elle commence à vieillir, je le sais ; mais le cœur ne vieillit pas.

Le ministre, *furieux.* — Madame ! !

Madame Daricourt. — Du reste, ce sentiment se conçoit ; on prétend qu'elle vous a élevé.

Le ministe, *exaspéré.* — Madame ! !

Madame Daricourt. — Adieu. (*Elle sort.*)

Cinq minutes après, l'huissier remet un billet en papier de bureau au ministre ; voici une copie conforme :

« Dans une heure je serai chez vous. J'ai à » vous montrer quelques lettres qui vous intéres- » sent particulièrement. » Le ministre fait la grimace : quel ministre n'a des lettres qui l'intéressent ? — Cette femme ne m'eût pas parlé comme cela si elle n'avait rien su ; quelles sont ces lettres ? Il réfléchit.

L'huissier. — Faudra-t-il laisser entrer ?

Le ministre, *vivement.* — Oui... oui...

Une heure se passe ; madame Daricourt revient. Elle est pincée, hautaine, sévère, les yeux légèrement rouges ; elle tient à la main un paquet sous cachet rouge ; elle s'assied, et commence d'une voix ferme :

— Monsieur le ministre, avant d'aborder le sujet de cette visite, il faut que je m'explique sur un mot qui, je le crois, a été la première cause de la contestation de ce matin. Lorsque vous m'avez dit que vous désiriez faire quelque chose qui pût me plaire, je vous ai répondu : moi aussi.

Le Bas-Bleu rougit.

— Vous vous êtes mépris au sens de ce mot : il avait trait à ces lettres que je tiens, et qui, remises dans vos mains, vous auraient sauvé peut-être bien des ennuis.

Le Bas-Bleu rougit excessivement.

— Vous avez prêté à cette parole une intention que je ne mérite pas, que je n'accepte pas. Voilà tout ce que j'avais à vous dire.

— Mais ces lettres, madame?

— Vous comprenez qu'après la scène de ce matin, elles sont devenues une garantie. Le sort de M. Daricourt dépend de vous... Il est probable qu'il n'avancera pas... mais il n'est pas juste qu'il puisse être destitué.

Le ministre. — Ah! madame; me supposer une intention que je n'ai pas, que je n'ai pu avoir! Quant à ces lettres...

— Je les garde...

— Si je vous priais bien!...

— Je vous dirais que c'est impossible...

— Vous êtes réellement aussi méchante que jolie, madame.

Il avance la main pour prendre les lettres; le Bas-Bleu se relève, et met le petit paquet dans son sein.

LE MINISTRE, *gracieusement.* — Vous êtes donc sans pitié?

— Comme vous...

Il lui prend la main, qu'elle lui laisse.

— Soyez charitable; c'est le droit de la beauté.

— Que voulez-vous de moi ?

— Ces lettres.

Il regarde l'asile… l'asile est attrayant… Le Bas-Bleu se met à sourire… et lui dit tout à coup :

— Si je vous disais, comme Léonidas : Venez les prendre ?

— J'irais…

Il y va ; le Bas-Bleu se défend mal.

La femme est un engrenage : quand on y prend les manches de sa veste, on y passe tout entier. Le ministre met les mains dans l'engrenage : on n'abandonne pas une femme dont la poitrine est haletante, dont la tête se penche, dont le regard se noie, dont la tête s'abandonne, et qui finit par murmurer : — Je vous aimais !

LE MINISTRE. — Voyons ces lettres maintenant.

MADAME DARICOURT. — Vous êtes fou, ami ; des lettres ? de qui ? il n'y en a pas.

LE MINISTRE. — Ainsi je suis…

MADAME DARICOURT. — Dupé… pas trop, n'est-ce pas ?

LE MINISTRE, *après un silence occupé.* — Où nous reverrons-nous ?

MADAME DARICOURT. — Je vous l'écrirai en

réponse à l'envoi de l'ordonnance royale qui nomme M. Daricourt conseiller d'Etat.

LE MINISTRE, *faisant de l'esprit* — Vous êtes capable d'en faire un ministre !

MADAME DARICOURT, *de même.* — La chambre est trop bavarde !

LE MINISTRE, *faisant beaucoup plus d'esprit.* — Vous voulez dire trop indiscrète.

MADAME DARICOURT, *de même.* — Oui, dans ses demandes.

LE MINISTRE, *ravi de tant d'esprit.* — Vous êtes un ange!...

CHAPITRE VII.

Le Bas-Bleu libéré.

Le mariage est une chaîne pour toutes les femmes, c'est un bagne pour certains Bas-Bleus; aussi n'y entrent-ils jamais qu'armés d'un bec de plume, qu'ils cachent je ne sais où, comme font les voleurs des ressorts de montres, et avec lesquels ils finissent par scier leurs fers; c'est alors qu'on peut l'appeler véritablement le Bas-Bleu libéré. Celui-ci a les mœurs les plus diverses et les plus excentriques; il serait presque impossible de le définir. Tantôt il se montre sous l'image de la femme libre : alors il veut être député, électeur, avocat; il fume, il se promène les mains derrière le dos, il serre la main à ses collègues les hommes et les tutoie fraternellement. Ce Bas-Bleu est très-commun : il fait des articles de journaux pour des journaux qui ont existé ou qui existeront. On pourrait appeler ce Bas-Bleu la femelle du communiste. Dans un ordre plus élevé, nous avons le Bas-Bleu socialiste, fouriériste ; c'est l'aristocratie du Bas-Bleu philosophe. C'est là qu'on rencontre les collerettes plates, les manchettes de batiste unies, les

robes d'étoffe de laine gris-perle, les chapeaux de paille cousue correctement bordés de velours. Les physiologistes peu accoutumés à cette variété l'ont souvent confondue avec les gouvernantes anglaises. Cette espèce, très-particulière, boit de l'eau, mange du pain de gruau, et ne tutoie pas ses enfants. Il a des rapports très-fréquents avec les membres de l'Académie des sciences morales et politiques, mais ces rapports sont toujours très-cérémonieux; aucune passion ne peut et ne doit chiffonner leurs collerettes; leur parler est pesé, correct, sec, retenu; leurs gestes rares, pointus, étriqués; ils se tiennent très-droits sur leurs chaises, la poitrine effacée et les pieds prudemment serrés l'un contre l'autre; ils ont l'apparence de l'une de ces statues assises d'Égypte, à laquelle on aurait mis une robe qui manque d'ampleur; ils se lèvent mécaniquement, marchent mécaniquement, mangent mécaniquement et aiment mécaniquement : tout est réglé, compassé, précisé. Du reste, j'avoue mon impuissance à comprendre le régime auquel ces Bas-Bleus se soumettent personnellement ou entre eux; mais ils sont tous très-maigres, tandis que tous les hommes qui les approchent engraissent prodigieusement et prennent du ventre comme s'ils étaient enceintes. Ces Bas-Bleus feraient-ils donc métier d'hommes?

Je crois avoir dit quelque part que je n'appelais point Bas-Bleu la femme qui demande à sa plume son existence de chaque jour. Je n'appelle pas non plus Bas-Bleu celle qui écrit comme l'oiseau chante, parce qu'elle a le cœur et l'esprit pleins de vifs sentiments et de hautes idées, comme l'oiseau a le gosier plein de chansons. Cette femme est une femme d'esprit, une femme de talent, une femme de génie; mais cette femme n'est pas un Bas-Bleu.

Cette réserve étant faite, je retourne au Bas-Bleu véritable. En voici un que je vous recommande particulièrement : un corps maigre, qui flotte entre quarante-cinq et cinquante-cinq ans; des mains diaphanes, des pieds bossués, des cheveux noirs artistement négligés, des yeux caves rongés de larmes, la tête penchée, le sourire douloureux, la voix émue; une croix à la Jeannette pendant par un ruban noir d'un cou décharné sur une poitrine décharnée. Quelque âge que vous ayez, quelque position sociale que vous occupiez, n'abordez ce Bas-Bleu sous aucun prétexte; l'araignée à longues pattes, qui tend sa toile au coin d'un mur, guette le moucheron avec moins de patience et d'anxiété que cet horrible Bas-Bleu. Si vous vous mettez seulement à portée de son regard, il commence sur vous sa vilaine fascination; il vous suit, il vous persécute, et fait si bien qu'il appelle votre attention, ne fût-ce par cela seul qu'il vous importune. Malheur à vous si, dans ce regard fixe et vague en même temps, vous ne devinez pas immédiatement le danger auquel vous êtes exposé, et si, lorsque cette femme passe près de vous et qu'elle laisse par hasard tomber son éventail ou son mouchoir, vous avez l'imprudence de le ramasser! Du bout de sòn regard vous allez passer au bout de sa patte, et, maintenant qu'elle vous tient, Dieu seul peut savoir en quel état vous en sortirez.

Hélas, que j'en ai vu y passer de pauvres jeunes gens! Au remerciement ému que le Bas-Bleu leur adresse, ils répondent par un mot quelconque ou ils ne répondent pas. L'imprudent est assurément quelque chose : ou il est avocat, ou clerc d'huissier, ou peintre, ou poète, ou commerçant, ou rien du tout; le Bas-Bleu ne s'en inquiète pas; le Bas-Bleu appuie un long regard sur le front du jeune homme, il appuie cette main que vous savez sur son propre cœur, et murmure d'une voix quasi éteinte :

— C'est étrange!

Le jeune homme relève la tête, et voit alors ce regard profond, ce sourire douloureux, ce spasme contracté qui frissonne dans tout le corps du Bas-Bleu. J'admets qu'il soit assez adroit pour ne rien dire, le Bas-Bleu recommence alors d'une voix déchirée sa fatale interjection avec la variante suivante :

— Oh ! oui, mon Dieu, c'est étrange!

Cette fois, il est difficile que le jeune homme ne réponde pas par une question. Je lui donne toutes les chances d'échapper à sa destinée : précaution inutile, hasard qui ne le protégera pas; le Bas-Bleu le tient, il le retient, le malheureux lui appartient.

— Oh ! un mot, je vous prie ; qui êtes-vous ? d'où venez-vous ? s'écrie le Bas-Bleu, en entraînant le jeune homme, la voix vibrante, le corps vibrant, le regard légèrement éperdu. Le jeune homme y va. Où va-t-il ? dans un coin du salon, où, après avoir répondu qu'il est de Montivilliers, et que son père et sa mère font en gros le commerce du beurre et des œufs, il écoute là la lamentable explication du trouble soudain et profond qu'il a jeté dans le cœur d'une pauvre femme.

C'est un tout jeune frère qu'elle a perdu, enfant que le génie a dévoré de bonne heure, et qu'elle a cru voir descendre du ciel (qui est assurément sa demeure) sous la figure du jeune imprudent ; si ce n'est pas un frère, c'est un fils qui aurait son âge ; si ce n'est pas un fils, c'est un cousin ; si ce n'est pas un cousin, c'est tout ce que vous voudrez ; mais assurément c'est toujours quelque chose de beau, de céleste, d'aimable, de noble, d'aimant, de distingué, de supérieur, à quoi le jeune homme ressemble d'une manière admirable. Qui diable y résisterait ? tous les hommes sont Basiles en ce point ; on ne peut que répondre les plus aimables choses, les remerciements les plus modestes, à ce flot d'éloges qui vous inonde de si supérieures qualités. A ce moment, vous êtes lié; il ne vous reste plus qu'à être grugé. En un tour de main, le Bas-Bleu a su quel était votre nom, quelles étaient vos habitudes et vos mœurs, vos heures de travail et vos heures de loisir, si vous aviez la prétention d'être peintre ou poète, magistrat ou épicier en gros. Quel que soit votre choix, rien ne le gêne; de même que le Bas-Bleu a perdu un frère ou un cousin beau comme vous, il a gardé un frère ou un cousin chantre, magistrat ou épicier comme vous. Celui-ci vous ouvrira la carrière; celui-là vous rendra l'avenir facile : « et moi, monsieur, je serai heureuse en vous voyant heureux; vous serez pour moi l'image de ce qu'aurait dû être celui que j'ai perdu; mes yeux, fatigués à le chercher vainement au ciel, croiront le retrouver sur la terre. » Et là-dessus vous êtes engagé dans un rendez-vous à heure et à jour fixes, qu'on vous laisse choisir, pour que vous ne puissiez arguer d'aucune impossibilité. Le jour venu, vous vous rendez, le cœur content, dans une rue à peu près déserte; vous pénétrez dans une maison mystérieuse; vous montez jusqu'à un quatrième étage dont la hauteur commence à vous alarmer, mais vous entrez dans un appartement dont l'arrangement vous rassure : portes rembourrées, tapis sourds, fenêtres doublées; chambrière discrète, et qui vous prie d'attendre dans un petit salon.

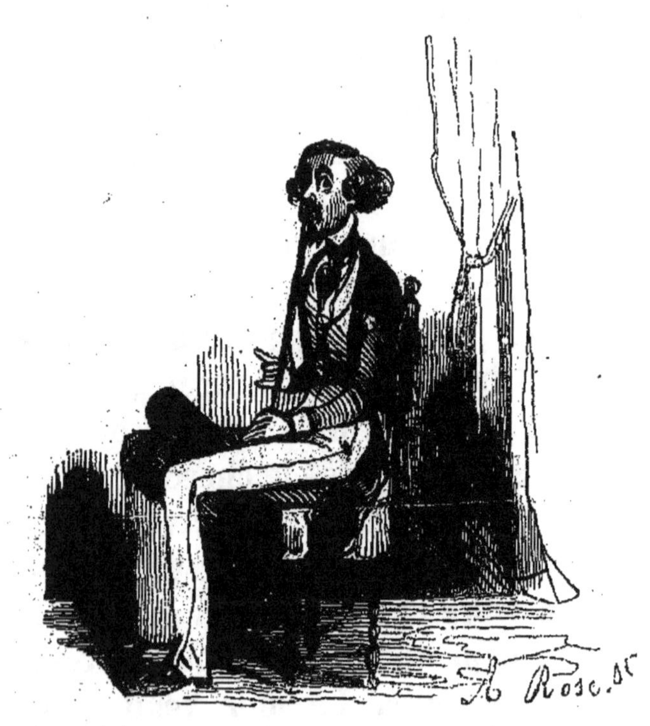

— Madame sort du bain, madame a passé une nuit agitée de fièvre; madame souffre tant !

madame pleure tant! mais madame attendait monsieur, et n'a pas voulu le déranger inutilement. Un moment après, elle paraît toute vêtue de mousseline blanche ; elle tient à la main une lettre et un livre; elle les jette négligemment sur un bureau, et vient tomber, tout affaissée par la douleur, sur un canapé, où elle vous fait asseoir auprès d'elle ; car, tout en marchant, elle a pris votre main pour s'appuyer, et, cette main, elle la serre en vous disant : — Merci d'être venu, et mettez-vous là.

Sacredieu! fichtre! ces Bas-Bleus-là ont raison! Je ne peux pas vous dire comment ils s'y prennent, je ne peux pas vous figurer comment ils arrivent, dans l'ombre mystérieuse où ils s'enveloppent, à donner à leur maigreur l'apparence d'une taille svelte, à leur regard creux l'expression d'une douce langueur. Il y a dans ces créatures desséchées des mystères d'impressions qui échappent à l'analyse; il règne dans l'atmosphère où elles vivent une vapeur aphrodisiaque qui vous monte au cerveau, qui vous rend ivre, furieux, et qui leur donne le droit de dire :

— Tu le veux? soit, dussé-je en devenir folle!

Alors l'immense araignée enveloppe l'imprudent de ses pattes; liens de fer, étreintes corrodantes où elle ne laisse échapper la victime que lorsqu'elle tombe haletante et épuisée à ses pieds. Ne médisons de rien, mon Dieu! une fois cela passé, on ne sait si on en voudrait à ce féroce Bas-Bleu, car enfin tout homme a rêvé une fois dans sa vie, les convulsionnaires de Loudun ou autres; et beaucoup d'hommes qui ne tenteraient pas de pareilles expériences se souviennent avec curiosité qu'ils les ont faites. Mais tout n'est pas fini; et si vous saviez comment cela se recommence! Quand le malheureux retrouve un peu de respiration, il entend gémir et pleurer à côté de lui; les sanglots, les soupirs, les suffocations ébranlent ce corps inépuisable; ce n'est plus

...Vénus tout entière à sa proie attachée,

c'est une jeune vierge perdue, désolée; c'est un ange souillé, une âme blanche flétrie. Oh! tout votre avenir n'est pas assez pour réparer le crime que vous venez de commettre; vous êtes l'homme fatal, l'homme prédestiné, qui serez son désespoir...

— Si tu ne veux pas être mon orgueil et ma joie !

Vous vous dépêtrez tant bien que mal de toutes ces entraves osseuses, et vous vous sauvez pour n'y plus revenir. C'est alors que le bas bleu se révèle (la prudente amoureuse ne l'avait pas mis en sortant du bain) ; alors commence l'épreuve des lettres : c'est une par heure ; il y en a quatre pages pour chaque émotion ; en quel style, mon Dieu ! quelles phrases ! on dirait que cette femme écrit en trempant sa plume dans un nuage avec de l'encre rose délayée dans de l'éther.

Vous auriez abusé d'une de ces blanches fées du ciel d'Odin, d'une de ces vaporeuses péris du ciel de Wischnou, vous ne seriez pas enveloppé de plus d'extase, de plus de ravissement, de plus d'harmonie.

Mais malheur à vous, une fois encore, si vous ne répondez pas convenablement; alors les horribles torsions de l'amour se renouvellent dans la colère; les menaces, la haine, la malédiction, deviennent aussi haletantes et aussi furieuses que les caresses de la veille. Puis aux lettres succèdent les visites, puis aux visites les attentes à votre porte dans un horrible fiacre, puis aux attentes à votre porte la poursuite dans tous les cafés ou restaurants où vous avez la prétention de dîner; puis aux poursuites, la violation de domicile en votre absence; lorsque enfin, soit en quittant Paris, soit en vous pendant de désespoir, vous avez échappé à cette hyène, elle recommence son rôle d'araignée, et, après une foule de désespoirs et de désastres comme celui-là, elle confie au public les tortures de sa vie et de son âme dans un volume de poésie, avec une couverture de papier rose, et qui a pour titre le nom de quelques fleurs mystiques, et pour épigraphe ces deux mots : *J'ai souffert.*

CHAPITRE VIII.

Le Bas-Bleu associé.

Cette variété du Bas-Bleu est assez rare, comme toutes les choses curieuses; du reste il présente, par son association même, un des plus grands mystères de l'esprit humain. Jamais on n'a vu deux hommes de lettres vivre de bon accord dans la même maison, jamais deux peintres : la rivalité est le plus puissant dissolvant de toutes les affections ; d'un autre côté, le mariage est un dissolvant encore plus puissant : comment se fait-il donc que ces deux dissolvants combinés ensemble produisent des unions très-calmes et qui paraissent fort heureuses? M. Orfila n'est pas sans avoir découvert que deux grands poisons mêlés ensemble se neutralisent, et qu'il en résulte quelquefois un mélange inoffensif, sinon bienfaisant. Il explique comment les funestes propriétés de l'un absorbent les funestes propriétés de l'autre ; il analyse ces principes qui se détruisent mutuellement.

Il doit en être probablement de même dans cette union du Bas-Bleu et de l'homme de lettres. Le mariage tue les aigreurs de la rivalité littéraire, et la rivalité littéraire tue les aigreurs du mariage ; ce qu'on ne concéderait pas comme homme, comme mari, on ne s'en aperçoit pas comme homme d'esprit ; ce qu'on ne supporterait pas comme épouse, on l'accepte comme femme supérieure ; le succès qu'on contesterait comme rival, on en profite comme mari ; la gloire et le profit littéraires dont on se moquerait comme Bas-Bleu, on les apprécie comme femme de ménage ; et il en résulte, comme je le disais plus haut, qu'une association calme naît de tous ces germes de discorde. Mais s'il est vrai que ces deux poisons mêlés ensemble perdent de leur violence pour les relations intérieures des associés, ils arrivent à la combinaison la plus malfaisante contre tout ce qui leur est étranger. Si le Bas-Bleu et son époux sont faux, impertinents, ils deviennent cent fois plus faux et plus impertinents : comme dix multipliés par dix donnent cent, ils élèvent tous leurs ridicules, tous leurs vices, toutes leurs petites passions, à la puissance carrée de leur nombre primitif.

A cela ils ajoutent de se faire le manteau l'un de l'autre; ils inventent à ce sujet, et en qualité de gens d'esprit, les plus jolis petits romans pour se présenter mutuellement sous le jour le plus favorable : le mari a des petits contes charmants pour expliquer les amants de sa femme; la femme a les combinaisons les plus exquises pour donner un sens moral et élégant aux turpitudes de son époux.

Comme rien ne fait si bien comprendre les principes que des exemples habilement mis sous les yeux du lecteur, je vais lui en soumettre deux qui lui donneront une idée plus exacte de ce petit manége.

Un de ces Bas-Bleus dont je parle, et un de ces maris dont je parle, vivaient dans une parfaite union, au grand étonnement du public. Cet étonnement venait de ce que certain monsieur venait à toute heure chez le Bas-Bleu, très-matin et très-tard, particulièrement quand le mari n'y était pas ; et si par hasard le mari s'y trouvait ou rentrait pendant que le monsieur était là, on avait toujours un prétexte pour qu'il allât s'enfermer tout seul dans son cabinet. Quel-

ques amis du mari (des gens qui font les choses que nous allons dire s'appellent des amis! qu'y faire? nous vivons dans un siècle d'usurpations); donc ces amis trouvèrent convenable d'avertir le mari de ce qui se passait chez lui; et comme il répondit qu'il le savait parfaitement, ils lui expliquèrent alors quelle conclusion le public en pouvait tirer.

A ces mots, le mari prit un air élégiaque qui ne lui était pas habituel, et le mêlant à un ton de dignité tragique qui lui allait beaucoup mieux, il répondit :

— Je suis trop haut placé pour que de pareils propos puissent m'atteindre, et je porte en moi des sentiments trop purs et trop généreux pour qu'aucune calomnie puisse me faire dévier de la sainte conduite que je me suis imposée.

Les amis du mari ouvrirent de grands yeux, ce à quoi il sourit avec une douce supériorité; puis il reprit d'une voix confidentielle et attendrie :

— Vous ne me comprenez pas, n'est-ce pas ?

Les amis balancèrent la tête silencieusement en signe de négation. Le mari reprit avec un haut-le-corps tant soit peu théâtral et une voix où il y avait de l'apostrophe académique :

— Vous ne me comprenez pas, et vous accusez un homme comme moi d'une lâche complaisance, et un ange comme elle d'une odieuse immoralité ! Ah ! vous mériteriez que je vous laissasse dans votre aveuglement ; mais vous êtes mes amis, et je ne veux pas que vous fassiez contre d'autres ce que vous avez fait contre moi ; je ne veux pas que vous portiez des jugements téméraires et malveillants contre des cœurs qui n'auraient pas le même stoïcisme ; je veux vous prémunir contre la légèreté de vos suppositions, et je veux bien vous expliquer à vous seuls cette intimité, contre laquelle vous avez conçu une alarme si indigne.

Les amis se recueillirent en silence, et le mari commença ainsi son récit :

— Ma femme, cette femme que vous venez d'accuser, cette femme a une mère. Cette mère, que vous ne connaissez pas, elle a été belle et malheureuse ; et, parce qu'elle a été belle, elle a été aimée ; et, parce qu'elle a été malheureuse, elle a aimé ; cette mère qui a été belle et malheureuse, elle a été jeune et mariée, et, parce qu'elle a été jeune, elle a été tyrannisée;

et, parce qu'elle a été mariée, elle a été la femme de celui qu'elle n'aimait pas. Commencez-vous à deviner ce terrible secret? Mariée à celui qu'elle n'aimait pas, elle l'a trompé pour celui qu'elle aimait.... pauvre femme!!!

A ce moment, le mari essuie quelques larmes, étouffe quelques sanglots qui sont au milieu de son récit comme ces lignes muettes de points qui disent si éloquemment au lecteur ce qu'il doit comprendre sans qu'on le lui raconte. Puis, après cette suspension peut-être un peu romantique, le mari reprit :

— Dans ce temps-là nos troubles politiques, nos guerres furieuses rompirent violemment les liens les plus sacrés; il fut obligé de partir, et lorsqu'il revint, près de vingt ans après, le cœur dévasté, isolé dans sa vie, n'ayant gardé au cœur qu'une espérance, il ne retrouva qu'une tombe et une blanche jeune fille qui lui remit un billet tracé d'une main mourante, et où il y avait écrit avec des larmes : « Celle-là est ton enfant. »

A ce moment le mari éclate en larmes et en sanglots, ses amis pleurent aussi et lui serrent silencieusement la main : le repentir, l'attendrissement, le respect éclatent sur leurs visages ; alors le mari se lève comme le dieu vainqueur du serpent Python, il s'écrie d'une voix tonnante :

— Oui, celle-là est l'enfant de ce père ! oui, celui-là est le père de cette enfant ! et c'est elle, c'est lui, c'est moi que vous avez accusés,... ah!.... AH!!!.... AH!!!!.... A ces trois *ah*, les amis, exaspérés de repentir et d'admiration, se lèvent en sursaut, embrassent le mari, le

tordent dans leurs étreintes, l'enlèvent dans leurs bras, et, marchant à genoux, le portent en triomphe jusque dans la chambre de sa femme, où ils trouvèrent le père et l'enfant qui se comportaient bien. Mais il y a des gens bien méchants ; il y a surtout des hommes de lettres qui épluchent ligne à ligne les meilleures histoires, et il y en a qui prétendent avoir découvert que l'extrait de naissance du père était de 1780, et celui de la fille de 1790. Du reste, cette histoire a du malheur ; on a essayé plusieurs fois de la mettre en drame et en roman, mais elle n'a jamais obtenu le moindre succès.

Je vous ai promis deux exemples ; voici *la seconde*, comme disent les Bas-Bleus qui tirent le cordon.

Comme la femme a un père, c'est-à-dire une sainte et tendre affection, le mari en veut avoir une pour son compte ; et pour cela il cherche une fille.... publique. Les amis de la femme, car chacun a les siens, l'avertissent de ce méfait et lui insinuent qu'une femme de sa hauteur et de son esprit ne devrait permettre à son mari que des fantaisies d'un meilleur monde et d'un meilleur goût.

— Que voulez-vous ! dit-elle, c'est une ambition que je conçois et que je ne puis qu'approuver : des hommes qui ne le comprennent pas ont reproché à mon mari la légèreté toute littéraire de son esprit, et lui ont dit mille fois que dans une époque grave comme la nôtre ce n'était que par des travaux graves qu'on obtenait enfin la place qu'on mérite. Ces paroles ont fait naître dans l'esprit de mon mari une pensée vaste et profonde, morale et philosophique : il veut étudier les principes corrupteurs de la société, depuis le plus infime jusqu'au plus élevé ; il a déjà pénétré dans les bagnes, dans les prisons, dans les maisons de jeu (il y avait des maisons de jeu dans ce temps-là) ; maintenant il va.... où vous me dites. Il veut faire pour toute la société ce que Parent-Duchâtelet n'a fait que pour une minime partie. Attendez donc l'œuvre, et elle fera taire toutes les calomnies qui tentent de l'arrêter dans ses sublimes expériences.

L'œuvre arriva plus tôt que les amis ne l'avaient pensé, et il paraît que ce fut une consultation à l'usage du mari, signée par deux de nos plus fameux médecins.

Mais la vie du Bas-Bleu si vilainement associé n'est pas toujours commise dans des questions de cette importance : il a son monde, sa cour et son salon ; il y a des petits jeunes gens qui le flattent en tout sens, les uns d'ici, les autres de là. Ce serait l'existence la plus douce, la

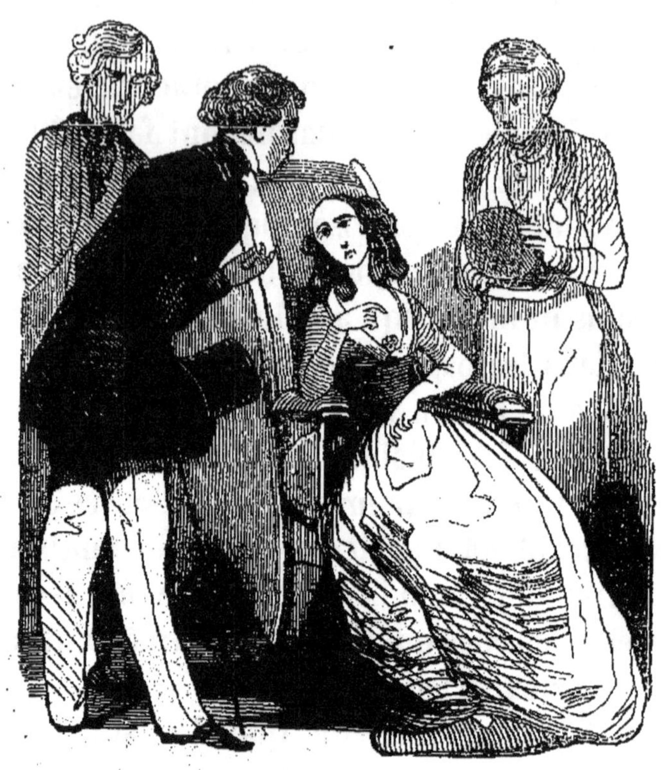

plus voluptueuse, la plus molle, s'il n'arrivait quelquefois que le sifflet du critique ou du public ne l'éveillât de ces douces extases d'admiration mutuelle et de cultes réciproques. Quand cela arrive, le Bas-Bleu pâlit; il entre dans des fureurs excessives, écrit des lettres furibondes, et châtie les insolents qui l'ont blessé, en ordonnant à son mari d'être en colère contre eux. Quand, au contraire, c'est le mari que l'on attaque, le Bas-Bleu sourit à l'ennemi, soi-disant pour l'apaiser, mais disant à cet ennemi, quand il peut l'atteindre : — On n'attaque que ceux qui en valent la peine ; vous auriez dû laisser ce pauvre homme tranquille.

CHAPITRE IX.

Le Bas-Bleu non marié. — Bas-Bleu vierge.

Dans le Bas-Bleu vierge, il y a deux espèces : le Bas-Bleu de famille et le Bas-Bleu public. Le Bas-Bleu de famille a quelque chose de l'enfant-prodige à un âge plus avancé, c'est-à-dire qu'il a tous les vices monstrueux de ces petits êtres sur une plus large échelle. S'il a un père ou une mère, sa mère est sa femme de chambre et son père est son domestique; s'il a des frères ou des sœurs, les sœurs portent sa défroque, et les frères copient ses manuscrits. C'est une chose curieuse que d'assister à la présentation d'un étranger dans une maison où il y a un pareil Bas-Bleu : l'impertinence avec laquelle il interrompt à tout propos M. son père, madame sa mère ; le sourire prétentieux qui commence ses interruptions, et qui veut dire indubitablement : — mon père est un âne et ma mère une sotte; ne faites pas attention à ces gens-là, — mériteraient qu'on lui donnât des soufflets là où on les donne aux petits enfants ; mais le père et la mère pourraient seuls avoir décemment ce droit, et, comme je l'ai dit, ce sont eux qui reçoivent ce qu'ils devraient donner. Ce petit tyranneau-femelle a en outre tous les bénéfices dont on sèvre pour lui tous les membres de la famille : la meilleure chambre, le meilleur lit, les jolis petits meubles, les meilleurs morceaux; j'en connais un qui ne vivait que d'ailes de poulet, et qui même, dans les jours de maladie où il ne les mangeait pas, exigeait qu'on les lui servît, seulement pour mettre la dent dessus, et empêcher les autres de les manger. Celui-là se fait mener au bal pendant que ses sœurs font des reprises à ses bas. Dans le monde, il se pose immobile et les yeux levés au ciel dans l'endroit le plus appa-

rent du salon ; ou bien, s'il lui arrive de le traverser, il s'arrête tout à coup en portant sa main à son front, et reste abîmé dans l'idée lumineuse qui vient de le surprendre. D'autres fois ce sont des rires d'enfant de douze ans, des joies folles, des courses vagabondes et inspirées à travers des groupes de danseurs ; d'autres fois, ce sont des conversations debout et les mains derrière le dos avec des hommes retirés dans le coin d'un salon; et, au bout de tout cela, ce sont des pièces de vers récitées solennellement, et assez souvent terminées par un évanouissement, résultat des émotions du génie. Cela dure ainsi depuis seize jusqu'à vingt-huit ou trente ans, au bout desquels le Bas-Bleu vierge épouse un contrôleur des douanes ou un fabricant de clysoirs perfectionnés, dont elle fait ce que vous savez (je parle du mari et non pas des clysoirs).

L'Empire avait inventé la fille-mère; nous avons le Bas-Bleu fille, mère, et qui n'est plus fille sans être mère. Celui que nous appellerons le Bas-Bleu émancipé est, quoi qu'on en puisse dire, infiniment rare; il y a dans tout Bas-Bleu une certaine prudence qui ne lui permet guère que les fautes qui ne lui nuisent pas. D'ordinaire, au début de sa vie, la vanité dévore ses autres passions, et, il faut le reconnaître, il y a beaucoup plus de jeunes filles niaises qui abandonnent leurs familles, qu'il n'y a de Bas-Bleus naissants qui perdent leur position. Ce n'est que beaucoup plus tard, lorsqu'ils ont acquis une vraie position de Bas-Bleu, qu'ils jettent leur bonnet par-dessus les moulins, attendu qu'il est inutile à un front qui porte une couronne. Je ne le signale donc ici que comme une exception. Quand le Bas-Bleu devient fille-mère, son existence est toute tracée d'avance : c'est la permanente immolation de sa personne en faveur de la jeune créature que le ciel lui a infligée, comme une espérance et un remords, comme une joie et un supplice. Avec cette antithèse, il fait cent soixante élégies, quarante-deux volumes de romans, et mène, au milieu des larmes, une vie fanée qu'elle arrose de temps en temps de vin de Champagne,

quand elle a un bon éditeur, et de petits verres de rogomme quand elle n'en trouve pas. De tous les Bas-Bleus, c'est celui qui fréquente le plus les ministères ; il n'y a guère de régime parlementaire sous lequel il n'obtienne les petits secours qui se distribuent dans les bureaux de bienfaisance des deux hôtels de la rue Grenelle. Tantôt c'est pour la mère, tantôt c'est pour l'enfant : ils vont ainsi, l'un nourrissant l'autre, jusqu'à ce que la petite créature, si c'est un garçon, devienne le secrétaire intime de quelque homme puissant, et, si c'est une fille, remporte un grand prix au Conservatoire et devienne pensionnaire du budget dans quelque théâtre subventionné.

CHAPITRE XI.

Le Bas-Bleu artistique.

Nous ne pouvons terminer cette longue suite de Bas-Bleus sans en signaler un de nouvelle production et qui n'a pas son analogue dans les temps passés.

Nos lecteurs savent trop bien toutes les sciences humaines pour ignorer que les créations de l'industrie humaine ont produit des animaux qui n'ont aucune espèce de semblables dans la nature. Ainsi le carton engendre des petits animalcules qui sont dans des conditions d'existence tout à fait exceptionnelles à celles des autres êtres qui rongent toutes choses, depuis le dernier cataclysme terrestre, Ces petits animalcules n'ont aucun rapport ni avec le charançon ni avec le critique, misérables petites bêtes qui font tant de mal.

De même le Bas-Bleu artistique est quelque chose qui tient à la combinaison nouvelle qu'ont subie les arts du crayon, du pinceau et du ciseau.

Pour bien faire comprendre ce nouveau Bas-Bleu, il faut, selon la philosophie allemande, reconnaître l'existence du *moi* dominant toujours et partout l'existence du *non-moi.*

Quand M. Cousin, le pair de France actuel (n'y a-t-il pas un pair de France qui se nomme Cousin?), quand ce pair de France, dis-je, nous citait, l'œil frénétiquement inspiré, les cheveux en désordre, la main en crasse, le corps en dégingandage, les aimables folies de la métaphysique allemande, voici à peu près comment il parlait :

« Messieurs,

« Si l'homme n'est que par ce qui n'est pas lui, l'homme n'est pas : or il est ; puisqu'il est, il est par autre chose que par ce qui n'est pas lui ; et, par conséquent, il est par lui-même, car il n'y a que lui-même qui soit ce qui n'est pas lui. (*Applaudissements.*)

» Donc, si l'homme est par lui-même, c'est qu'il porte en soi le principe de son être intelligent, c'est-à-dire la conception *à priori*, qui est bien différente de la sensation, de la perception et de la comparaison, d'où naissent les idées acquises et le savoir, résultat de ces idées extérieures, c'est-à-dire le *non-moi*.

» La conception *à priori* est un enfantement des idées propres et qui existent indépendamment de l'extérieur ; ce sont ces idées innées, idées propres, idées de don divin, qui constituent le *moi*. »

Vous avez compris, je l'espère, et vous comprenez tout de suite ce que cette philosophie, si clairement enseignée, a dû produire.

J'aurais bien pu vous dire tout de suite qu'il y a des gens qui s'imaginent avoir la science infuse, c'est-à-dire qui croient savoir sans avoir étudié ; mais je ne vous aurais pas donné la moindre idée des individus dont je veux vous parler. Les gens qui se croient la science infuse sont tout simplement des paresseux impertinents ; mais ceux dont je cause sont d'une nature bien autrement relevée. Ils sont des *moi*

(le moi est indéclinable) ; ces *moi,* en vertu de la philosophie allemande de M. Cousin, n'ont jamais rien appris, rien étudié, et sont nés tout savants, tout habiles, tout inspirés; ils savent par instinct, comme les chiens et les ânes; Dieu les a doués, comme les castors et les fourmis; ils n'ont pas, à proprement parler, de nom, mais on les désigne par la périphrase suivante : — Cet homme, ou cette femme, a le sentiment de l'art.

Qu'est-ce que c'est que l'art? où commence-t-il ? où finit-il? comme disait l'abbé Grégoire de la légitimité; qu'est-ce qui est dans l'art? et qu'est-ce qui est hors de l'art? Vous ne me le direz pas, vous ne me l'expliquerez pas; cela ne se définit pas, cela se sent; demandez plutôt à ceux qui ont le sentiment de l'art.

Cette école du sentiment de l'art s'est prodigieusement propagée depuis une dizaine d'années, et je connais une foule de Limousins qui sont partis du pied gauche avec le dessein prémédité d'avoir le sentiment de l'art; celui-ci de l'art musical, celui-là de l'art architectural, celui-ci de l'art de la peinture et de la sculpture. Ces grandes divisions une fois établies, il s'est formé des subdivisions de ce sentiment.

En voici qui ont le sentiment de l'art italien; ceux-là, de l'art flamand; ceux-ci, de l'art étrusque; ces autres, de l'art gothique; ces derniers, de l'art rococo, ou même de l'art *rocaille*, qui est une nuance de l'art Louis XV bien éloignée de l'art renaissance.

Il y eut dans les commencements de cette superbe doctrine, qui criait, jugeait, parlait et écrivait par intuition, une foule de barbes et de chapeaux pointus (le chapeau coiffant la barbe) qui en semèrent le grain dans le monde. Il germa parmi tous ceux qui, ne sachant rien et ne voulant rien apprendre, étaient bien aises d'être prodigieusement instruits. Pas mal de jeunes filles et une assez grande quantité de femmes mariées, incapables de tout, même de plaire à un collégien, se livrèrent à cette nouvelle philosophie. Comme les dents du dragon de Cadmus, qui firent pousser des bataillons tout armés, avec le sabre et la giberne (je compte prouver, dans mon nouveau traité d'archéologie nomade, que les Grecs des temps héroïques connaissaient la giberne), il poussa tout à coup une moisson de femmes tout armées d'appréciations, d'émotions, de palpitations, de convulsions, et surtout de conversations artistiques.

Malheureusement, nées comme les bataillons des dents du dragon, elles ne s'entre-tuèrent pas comme ceux-ci, et, à l'heure où je vous parle par écrit, il y en a des myriades qui encombrent le monde et les salons. C'est, à proprement parler, ce que nous appelons le Bas-Bleu artistique.

Je fais toujours une énorme différence entre la femme qui gratte du papier pour faire bouillir son pot et la femme Bas-Bleu littéraire ; de même je laisse un abîme entre celle qui peinturlure de la toile pour faire cuire son rôt et le Bas-Bleu artistique.

Ce dernier a beaucoup des allures du premier, si ce n'est que l'art ou les arts dont il s'occupe étant d'une matérialité visible, il y a en ce Bas-Bleu quelque chose de plus étrangement saugrenu que dans le premier.

L'œil fixé sur un tableau ou sur une statue, le Bas-Bleu artistique se permet des phrases comme celles-ci :

« Ce gladiateur manque d'harmonie et de proportions. Voyez cette distance de l'aine au genou (la démonstration digitale accompagne la parole) ; c'est impossible, un homme n'est pas fait comme ça. »

Autre : « Qu'est-ce que c'est que ce prétendu tableau du sac de Rome? il n'y a pas une idée d'art là-dedans : ces Barbares qui boivent sous un platane et qui se font servir par des dames romaines sont stupides, et les femmes qui les servent sont encore plus stupides. Il n'y a pas dans cet acte brutal la moindre pensée d'avenir. C'était le cas de montrer le mélange des *races blondes avec les races brunes*, qui a produit les populations modernes. »

JE L'AI ENTENDU. C'était une grande fille de dix-huit ans qui l'a dit.

Cependant il faut dire que le Bas-Bleu de cette force est rare, et que la nuance la plus nombreuse est la nuance mystique et chrétienne. Celui-là a un amour prodigieux pour tout ce qui est long, maigre et effilé comme une colonnette gothique ; et presque tous possèdent sur leur cheminée un long morceau de plâtre plissé, ayant des ailes de perdrix et une tête de poitrinaire; c'est un chef-d'œuvre de l'art dont elles ont le sentiment.

Du reste, ces malheureuses sont punies par où elles pèchent; elles se font toutes peindre par des gaillards d'artistes qui ont aussi le sentiment de l'art, d'où il résulte *qu'elles ont* le bonheur de se voir sous la figure d'intéressants cadavres à qui on a ouvert les yeux et qu'on n'a pas encore déshabillés. Cette école a singulièrement fait renchérir dans le commerce le bistre et le bleu de cobalt. Demandez plutôt à M. Philipon, mon éditeur.

Vous savez que j'aime assez l'anecdote; il faut que je vous en raconte une qui m'est personnelle et qui a rapport à un de ces sublimes Bas-Bleus artistiques.

Il y a un an je rencontrai, sur un bateau à vapeur, une femme dont le mari était avoué. Il était Français, j'étais Français, nous étions Français, et comme nous voyagions sur le Rhin allemand, nous nous parlâmes sans nous connaître. Le mari était un fort aimable homme, sans prétention, qui demandait tout simplement à son voyage de lui montrer du pays; trouvant ceci bien, ceci mal, cela indifférent, et appréciant particulièrement le vin du Rhin. Cette sympathie nous rapprocha, et nous dînâmes ensemble. Quant à madame son épouse, elle ne quitta pas le pont du bateau à vapeur, attendu que, par sentiment de l'art, elle ne voulait pas perdre une seule des admirables ruines qui bordent ledit Rhin très-allemand. En apprenant que j'étais un homme de lettres, et que j'avais eu l'infamie de dîner avec son mari, cette dame me projeta un regard de mépris si profond, que je me retirai tandis qu'elle trépignait du derrière *sur son banc comme s'il avait joué à* « trois petits pâtés, ma chemise brûle ! » en s'écriant : « Voyez ce rocher, comme il se mire dans les flots bleus ! (*nota bene :* le Rhin est vert comme une huître), et les *déchirements* de la roche, comme ils sont désolés et furieux. Voilà l'art comme je le conçois ! »

Je me réfugiai à l'autre extrémité du bateau et me garai dudit Bas-Bleu artistique.

Je perdis la crainte de ce cauchemar à Mayence, où je crus qu'il s'arrêtait pour écouter les valses de la musique autrichienne. Je n'y pensais plus, lorsque j'arrivai à Cologne. Comme tout curieux le doit, j'allai visiter les curiosités de cette ville fort curieuse, et entre autres le célèbre tableau de Rubens, *représentant* le supplice de saint Pierre. Nous arrivâmes dans le chœur. J'étais avec une dame qui mettait comme moi toute la bonne foi possible dans ses émotions, admirant à son goût et craignant de blâmer de peur d'ignorance. Nous arrivâmes devant l'illustre tableau avec quelques curieux comme nous, et nous voyons une grosse peinture, lisse, plate, sotte. Nous nous regardâmes la dame et moi; mais ni l'un ni l'autre nous n'osâmes parler. Ce silence voulait dire : Nous sommes des ignorants en peinture, et qui plus est nous n'avons pas le sentiment divin de l'art; ceci est un tableau de Rubens, ceci est un tableau immortel, c'est nous qui sommes des ânes : taisons-nous et regardons mieux.

Nous voilà donc tournant autour du tableau, cherchant du jour, nous approchant, nous éloignant et nous regardant en dessous d'un air confus. Tout à coup nous entendons pousser un cri.

— Haaaaah! ah!... que c'est beau!

Je me retourne et je vois le Bas-Bleu qui se contorsionne, qui crie, qui parle, qui empile les éloges sur les éloges : expression, dessin, couleur, magnificence, émotion, sublimité, vie, hardiesse, perfection, rayonnement de la sainteté, cri de la chair, résignation du martyre! elle voyait tout cela sur cette toile. Nous regardions de nos yeux bourgeois sans rien voir. Le féroce Bas-Bleu nous aperçoit alors, et indignée de la tranquillité de notre non-admiration, elle se rue en un torrent d'épigrammes sur les gens qui croient voir et ne voient pas. C'était à fuir et nous allions fuir, lorsqu'un monsieur en bas de soie noirs et en habit noir vient à nous et nous dit d'un air discret :

— Foulez voir l'atmiraple dableau de Rupens ?

— Ya... lui dis-je à tout hasard.

— C'est teux thalers.

— Soit, sept francs cinquante.

J'exhibe deux thalers. Alors le monsieur passe derrière le maître-autel, et voilà que l'immense toile devant laquelle le Bas-Bleu continuait ses exclamations furibondes se met à tourner sur un pivot, et voilà un autre tableau, le tableau de Rubens, le vrai tableau, qui se présente à nous.

L'autre n'est qu'une copie détestable, qu'on voit pour rien, et qui est faite pour les pauvres et les Bas-Bleus.

J'allais confondre le mien, mais il s'était enfui emportant son sentiment éclairé de l'art.

Du reste, celui-ci est d'une espèce assez vulgaire. Le plus distingué est le Bas-Bleu artistique qui s'éprend d'une note et d'une manière : et dans cette catégorie le Bas-Bleu de l'art chrétien est assez curieux. Selon lui, les portraits de M. Dubuffe sont immoraux. Il n'estime que la grâce artistique des peintres au jaune et au maigre. Le laid est son culte, y met toute la passion de l'amour-propre.

D'un autre côté, il y a le Bas-Bleu artistique attaché à la spécialité des vieux bijoux, des vieux meubles, des vieilles tentures, de toutes les vieilleries qui coûtent beaucoup d'argent. Ceux-là ont un autre vocabulaire que les premiers : pour eux les choses ont du style, du caractère, de l'époque, de l'accent ; c'est à eux qu'on doit ces horribles petites collections de bric-à-brac qu'on voit dans certains boudoirs de la Chaussée-d'Antin. Ils y font passer la fortune présente de leur mari et la dot future de leurs enfants, et j'en ai vu qui étaient aussi jaloux d'un flacon d'émail du XVIe siècle que d'autres le seraient de leur amant.

Je ne crois pas qu'il y ait encore de Bas-Bleu artistique écrivant ; cette espèce de Bas-Bleu n'en est encore qu'au professorat; mais il s'en dédommage par la cruauté et l'absolutisme de ses doctrines. En général, il a une passion pour tout peintre qui est ce qu'on appelle excentrique, et ce mot représente toujours pour lui l'absence de certaines qualités. Ainsi, jamais un Bas-Bleu ne se passionnera pour un peintre qui réunira à la fois la couleur et le dessin, mais il y a des Bas-Bleus qui se donneraient corps et biens à M. Delacroix ou à M. Ingres, par cela seul que M. Delacroix dessine à côté de ses tableaux et que M. Ingres se garderait bien de peindre les siens d'une couleur possible. Il faut dire aussi que cette espèce de Bas-Bleu fraternise volontiers avec le Bas-Bleu littéraire, et qu'on en a vu qui avaient l'air de se comprendre les uns les autres. Et puis qu'on dise que nous ne vivons plus dans un siècle de mérite!

Pour clore cette longue liste, je dois dire que le Bas-Bleu, tel que nous l'avons dépeint dans ses diverses natures, existe à toutes les hauteurs de l'échelle sociale, depuis l'échoppe du savetier jusqu'au salon de la duchesse. Changez les habits, brodez les robes, dorez les cuivres, mettez des diamants en place d'oripeaux, agrandissez le cadre, élevez le piedestal, partout et en tout lieu, marié ou non marié, affranchi ou émancipé, vierge ou martyr, le Bas-Bleu est toujours le même—un être froid, sec, égoïste, personnel, envieux, vaniteux, méchant, à de très-rares exceptions; il a ou il n'a pas de talent, c'est une question tout à fait indépendante de ses qualités morales.

TABLE.

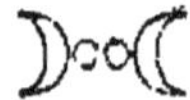

caricatures, les 99 centièmes de ce qui paraît en ce genre sont imprimés par elle; c'est dire qu'elle seule possède un assortissement bien complet des dessins comiques destinés à l'amusement.

ESTAMPES, — ALBUMS, — LIVRES ILLUSTRÉS, — CARICATURES, — RECUEILS POUR JETER SUR LES TABLES DE SALON; — MODÈLES DE DESSINS, — ORNEMENTS, — MOTIFS POUR LES DESSINATEURS DE FABRIQUE, etc., etc., etc.

ALBUMS DE POCHE. Sous le titre de *Miroir du Bureaucrate*, — *Miroir du Collégien*, — *Miroir du Calicot*, — *Miroir du Pique-Assiette*, etc., format des Physiologies et du prix infiniment modique de 50 cent.

FOLIES CARICATURALES, fort piquant album de salon, paraissant par livraisons remplies d'une myriade de folies grotesques. Prix de la livraison, 50 cent.

L'ALBUM CHAOS, ouvrage du même genre, dessiné à la plume et pouvant servir de modèle de croquis. La livraison, 50 cent.

HISTOIRES PLAISANTES DE MM. *Jabot*, — *Crépin*, — *Vieux-Bois*, — *Lajaunisse*, — *Lamchasse*, — *Vert-Pré*, — *Jobard*, — *Des deux vieilles Filles à marier*, — *et d'un Génie incompris*. — Prix de chaque album, 6 fr.

CHOIX IMMENSE D'OUVRAGES DE TOUS GENRES POUR CADEAUX D'ÉTRENNES, — SOUVENIRS DE VOYAGE, — LIVRES A GRAVURES, etc., etc.

Publications pour Enfants.

LA MORALE EN IMAGES, texte par MM. *l'abbé de Savigny*, — *Léon Guérin*, — *O. Fournier*; — *A. Auvial*, — *Michelant* et *madame Eugénie Foa*; — Dessins de MM. *Alophe*, — *Beaume*, — *Charlet*, — *Jules David*, — *Deveria*, — *Francis*, — *Johannot*; — *Janet-Lange*, — *Louis Lassalle*, — *Léon Noel*, — *C. Roqueplan*, — *E. Wattier*, et autres, publié sous la direction de M. *Ch. Philipon*. Livraisons de 25 cent., 40 livraisons forment un volume dont le prix sera porté à 12 fr. aussitôt qu'il sera complet.

LE PANTHÉON DE LA JEUNESSE, histoire des Enfants célèbres, 50 cent. la livraison. — LES SOIRÉES D'AUTOMNE, nouvelle morale en actions, 25 cent. la livraison. — LE VOCABULAIRE DES ENFANTS, — le LIVRE D'IMAGES, etc., etc.

mé
n'a
inc

125

www.ingramcontent.com/pod-product-compliance
Lightning Source LLC
LaVergne TN
LVHW012022220826
846092LV00001B/450

* 9 7 8 2 0 1 9 6 9 7 4 4 0 *